La Feria de Abril

Fran Nuño

Roser Calafell

laGalera50

¡Maravilla, maravilla!
¡Ya es Abril en Sevilla!
¡La Feria va a empezar
y Curro y Macarena
preparándose están!
¡Vaya dos gemelos con más salero!

A la casa de Curro y Macarena
ha llegado un gran coche de caballos
para llevar a la Feria a la familia.
¡Y la gente no deja de saludarlos!
¡Así, por la ciudad, da gusto pasear!

2

La primera noche es la del alumbrado:
a las doce se encienden los farolillos,
pero antes ¡a disfrutar en las casetas
y a comer rico pescadito frito!
¡Qué de bombillas! ¡Cuánto brillan!

En la portada de la Feria han quedado
los amigos de Curro y Macarena.
Mientras esperan van tocando las palmas:
¡Mira qué coche, los gemelos ya llegan!
¡Qué buen ambiente, qué de gente!

¡Anda que no estás guapa, Macarena,
con tu traje de volantes y esa rosa!
¡Anda que no estás elegante, Curro,
con sombrero de ala ancha y chaqueta corta!
¡Los piropos en la Feria son cosa seria!

¡Qué bonito el paseo de caballos!
¡Cuánto trote de la mañana a la tarde!
Curro y Macarena se suben a uno
que parece de nata y chocolate.
¡Pero es de mentira, el potro es para hacerse una foto!

—¡A bailar! ¡A bailar! —grita Macarena.
Y Curro toca la guitarra con ganas.
Todo el mundo quiere ver a los gemelos
cantando y bailando por sevillanas.
¡Aplausos en la caseta! ¡Y que siga la fiesta!

Qué animado está el Real de la Feria
con todos sus vendedores ambulantes:
Macarena va a comprar algodón dulce
y Curro un clavel rojo para su traje.
¡Por la noche y por el día, la Feria es alegría!

¡Y llegamos a la Calle del Infierno!
De tómbolas y atracciones toda llena.
A Curro le encantan los caballitos
y dar vueltas en la noria a Macarena.
¡Luz, música y color! ¡Cuánta diversión!

A las doce en punto de la última noche
dan comienzo los fuegos artificiales.
Curro y Macarena, viéndolos, piensan
en estos siete días tan fenomenales.
¡Pum! ¡Pum! ¡Ohhh! ¡Pum! ¡Pum! ¡Ohhh!

¡Ay qué pena! ¡Ay qué pena!
Ya se acabó la Feria.
Un año hay que esperar
y Curro y Macarena
volverán a disfrutar.
¡Qué dos hermanos tan sevillanos!

Primera edición: marzo de 2013

Diseño y maquetación: Estudi Claris
Edición: David Monserrat
Coordinación editorial: Anna Pérez i Mir
Dirección editorial: Iolanda Batallé Prats

La Galera, SAU Editorial
Josep Pla, 95 – 08019 Barcelona
www.editorial-lagalera.com / lagalera@grec.com

ISBN: 978-84-246-4563-2
Impreso en Cachimán
Rec del Molinar, 6. 08160 Montmeló

Depósito Legal: B-4.771-2013
Impreso en la UE